DON BOSCO
VERLAG

Elli Michler

Meine Wünsche begleiten dich

Neue Wunschgedichte

Don Bosco Verlag

Bibliografische Information der Deutschen Bibliothek

Die Deutsche Bibliothek verzeichnet diese Publikation in der
Deutschen Nationalbibliografie; detaillierte bibliografische
Daten sind im Internet über http://dnb.ddb.de abrufbar.

4. Auflage 2004 / ISBN 3-7698-1133-X
© 1998 Don Bosco Verlag, München
Umschlag: Margret Russer
Fotos: Barbara Michler, Heilbronn
Gesamtherstellung: Don Bosco Grafischer Betrieb, Ensdorf

Gedruckt auf umweltfreundlichem Papier.

Inhalt

Einführung

Seit dem Erscheinen der ersten Wunschgedichtsammlung „Dir zugedacht", die inzwischen bereits die 18. Auflage erreicht hat und deren herausragender Text „Ich wünsche dir Zeit" als eines der beliebtesten Gedichte der Gegenwart wie ein Volkslied um die halbe Welt geht, wurden immer mehr Leserinnen und Leser, die Gedichte lieben, auch für gute Wünsche in poetisch einprägsamer Form sensibilisiert.

Diese erfolgreiche Gedichtsammlung erfährt nun durch den hier vorliegenden zweiten Wunschgedichtband ihre ideale Ergänzung. Dabei handelt es sich nicht einfach um eine Fortsetzung der vorhandenen Wunschgedichte durch neu dazukommende. Die bisher erschienenen Texte waren zumeist als Grundsatzgedichte eher philosophischer Art stärker der Ethik verhaftet, gaben einem vorgegebenen Begriff jeweils seine besondere Bedeutung und bezogen sich auf den Umgang der Menschen miteinander.

Jetzt sind es nicht mehr allein Begriffs-Definitionen, denen wir auf den folgenden Seiten begegnen, sondern es sind fast schon kleine Lebensgeschichten, die in die neuen Wunschgedichte hineingelegt werden. In ihnen kommt mehr das erzählende Moment zum Ausdruck; der theoretische Begriff der vorausgegangenen Gedichtsammlung wird bei den meisten der neuen Texte sofort in ein Stück Handlung umgesetzt: Der Alltag mit der praktischen Nutzanwendung der einstigen Grundsatz-Gedichte spielt eine größere Rolle. Dem Humor wird mehr Raum gegeben. In den vielen kleinen Erlebnissen, die in diese neuen Texte eingearbeitet sind, spiegeln sich sowohl die zahllosen Leser- und Hörer-Briefe wider als auch die sicherlich noch facettenreicher gewordene eigene Lebenserfahrung der Verfasserin.

So sind die Texte dieser neuen Sammlung vielleicht nicht nur reifer, sondern durch ihre besondere Lebensnähe für den Leser auch noch reizvoller. Sie begleiten uns ebenso wie auch uns nahestehende Menschen. Auf diese Weise erlangen wohl auch die Wünsche, die wir wie gute Gaben zu verschenken haben, in mehrfachem Sinne ihre Zauberkraft.

Wünsche sind wie gute Gaben,

die wir zu verschenken haben,
zaubern Zuversicht herbei,
machen Angstbedrängte frei.
Allen, die auf Wanderschaft,
wird zuteil der Wünsche Kraft.
Wünsche wohnen bei den Sternen,
helfen uns beim Warten-Lernen,
sind der Wohltat Lieferant,
reisen oft durch weites Land,
ausgesandt von jenen, die sie hegen,
finden auf geheimen Wegen
jeden, dem sie zugedacht.
Auch für dich sind sie zugegen,
tragen Lichter durch die Nacht.

Ich wünsche dir helle Gedanken

Die Frage ist nur: Wo nimmst du sie her?
Im täglichen Streiten und Zanken
der Welt ist das wirklich oft schwer.

Du findest noch helle Gedanken
auf dem Weg zu den Bergen hinauf:
Bei der Talstation, hinter den Schranken,
hören die trüben Gedanken schon auf.

Und stärkst du dich erst an der Quelle
und ist schon der Gipfel in Sicht,
dann füllt an der höchsten Stelle,
wenn die Sonne dir lacht ins Gesicht,
des Himmels freundlichste Helle
all deine Gedanken mit Licht.

Ich wünsche dir einen Tag ohne Eile

Gemeint sind nicht Stunden voll Langeweile:
Deine Zeit soll dann nicht nur Terminen gehören,
und niemand darf dich an diesem Tag stören.
Du sollst ihn verbringen ohne Hektik und Hast
und die Pflicht nicht empfinden als drückende Last.
Du sollst nur erfüllt sein von dem, was du tust,
ob du tätig bist oder ganz einfach mal ruhst.
Vielleicht schaust du dir Fotos von früher an,
vielleicht hörst du Musik und freust dich daran,
vielleicht setzt du dich hin und schreibst eine Zeile
an einen Freund, der schon wartet seit langer Zeit.
Ich wünsche dir einen Tag ohne Eile –
vielleicht bringst du es einmal soweit!

Ich wünsche dir ein Himmelsbild

mit Wolken, weiß und weich und friedlich mild,
und eins mit Wolken, grau und rauh
und stürmisch wild.
Und beide Bilder wünsch' ich dir
im Wechsel immer neu,
dann ist dein Leben wahr und ausgefüllt,
von jeder Langeweile frei.

Ich wünsche dir dein Gleichgewicht

als die wünschenswerteste Seelenlage;
denn das Gleichgewicht wird uns zur Lebensfrage,
das wir brauchen zum Halten der Spur,
weil der Mensch doch so oft ein Seiltänzer ist,
wenn die Wahrheit ihm spannt ihre seidene Schnur.

Wer das Gleichgewicht hält,
die oft schwere Balance,
hat auf jeden Fall immer die bessere Chance.
Deshalb wünsche ich dir, was dir Gutes verspricht:
Harmonie mit dir selbst,
das heißt: Körper und Seele im Gleichgewicht.

Ich wünsche dir eine Morgenzeitung,

bei der dir das Frühstück noch schmeckt,
weil man trotz Katastrophen- und
Unglücks-Verbreitung
ab und zu auch was Gutes entdeckt,
eine Zeitung, die nicht nur Geschichten,
sondern auch die Geschichte kennt
und, was wahr ist, mit richtigen Namen benennt.
Eine Zeitung, in der nicht nur die Werbung
zum Kauf animiert,
die auch Kunst und Kultur gerecht rezensiert.
Eine Zeitung mit nicht zu viel Regen
im Wetterbericht,
mit einem ganz kleinen Eckchen
für ein schönes Gedicht,
eine Morgenzeitung, die nichts verharmlost
und die auch nicht lügt. –
Doch ich kann dir nicht sagen, wo man sie kriegt.

Ich wünsche dir ein Spiegelbild,

das dir munter und fröhlich entgegenlacht,
frisch gewaschen, gekämmt
und nichts Böses im Schild,
gut gelaunt schon des Morgens um acht.
Es lächelt dir zu aus dem Augenwinkel,
ehrlich und offen und ganz ohne Dünkel.
Gelingt es dir, hiermit zufrieden zu sein,
dann wird dich dein Spiegelbild täglich erfreun.

Wenn du an dem, was dir eigen und wesentlich ist,
etwas Schöneres, Besseres gar nicht vermißt,
wenn du nicht stets kritisierst
und nach oben vergleichst,
wenn's dir genug ist, was du erreichst,
dann stell dich dem Spiegel ganz frei gegenüber,
im Herzen voll Dank und voll Freude darüber,
daß er dir zeigt ein erbauliches Bild,
damit sich mein Wunsch für dich baldigst erfüllt.

Ich wünsche dir
in der großen und hektischen Welt,

in der es nur geht nach dem äußeren Scheine,
eine heil gebliebene kleine,
die deine Seele am Leben erhält,

einen eigenen stillen Bereich
voller Wärme und Licht
als Refugium und heimliches Reich,
das deinem innersten Wesen entspricht,

in dem du dich frei fühlst
und trotzdem geborgen,
von heitren Gedanken friedvoll umgeben,
wo es erlaubt ist, im Heute zu leben
und dennoch zu träumen von morgen.

Ich wünsche dir gute Freunde,

es braucht ja nicht gleich eine große Gemeinde
fröhlicher Zecher zu sein,
in der es Zusammenhalt gibt
nur beim Bier und beim Wein.
Meistens genügt auch schon einer allein.
Du mußt ihm vertrauen können
und fest auf ihn bauen.
Du kannst ihn erkennen
schon beim In-die-Augen-Schauen.

Doch gelingt dir unter den Menschen
nur schwer solch ein seltener Fund,
laß wenigstens einen
mit vier statt zwei Beinen
dein Freund sein: ein Pferd –
oder vielleicht einen Hund.

Und stehst du mit Dichtern und Denkern
deines Bücherschranks tief in Bezug,
gibt es kluge und weise Freunde
für dich dort noch immer genug.

Ich wünsche dir Vertrauen,

du brauchst es, um vorwärtszuschauen,
um das Leben zu lieben mit Leidenschaft.
Im Vertrauen liegt das Geheimnis der Kraft.
Denn der, der dir sagt: „Die Welt ist schlecht",
hat leider in vielem so manches Mal recht.
Wer es wagt und dir sagt, diese Welt sei gut,
der besitzt einen außergewöhnlichen Mut.
Und wer glaubt, diese Welt
wird einst besser werden,
der kennt sie nur nicht,
die Geschichte der Menschheit auf Erden.

Wer aber sagt: „Diese Welt ist die meine,
ich habe nur sie – oder keine,
es ist mir vergönnt, drin zu leben.
Ich will mitten hindurch –
und ich habe nicht vor, jemals aufzugeben!",
der verjagt seine Ängste wie lästige Fliegen.
Er wird tätig sein, er wird fröhlich sein
und die schwarzen Gedanken besiegen.

Ich wünsche dir einen Hoffnungsschimmer

Ich weiß, du nimmst das Leben heiter
und denkst auch meistens positiv.
Doch geht's nicht immer nur so weiter,
die Seele steckt auch mal im Tief.

Kein Sonnenstrahl dringt in dein Zimmer,
du fühlst dich plötzlich ziemlich alt.
Ich wünsch' dir einen Hoffnungsschimmer,
an dem du findest neuen Halt.

Ich weiß, dir hilft kein künstlich Lachen,
kein Sich-Versteifen auf die Frohnatur,
doch kannst du hoffen
auf des andern Tags Erwachen,
auf bessre Zeit beim neuen Stand der Uhr.

Und kommt es auch vielleicht noch schlimmer
mit allem, was dir scheint so schwer,
ein noch so kleiner Hoffnungsschimmer
setzt sich für dich zur Wehr.

Ich wünsche dir gute Gebete

Sie brauchen im Buch nicht zu stehn.
Für all deine Ängste und Nöte
gibt es Verzeihn und Verstehn.
Aus Bitten allein und aus Klagen
sollte dein Beten jedoch nicht bestehn.
Schick auch in glücklichen Tagen
zum Himmel ein Dankeschön!

Ich wünsche dir Ordnung

Wie im Ernst, so auch im Spiele
selten uns ein Werk gelingt,
das man vor erstrebtem Ziele
nicht zuerst in Ordnung bringt.

Heillos wirkt ein Durcheinander,
wo kein Hauch von Ordnung weht
und dem Chaos kein gebannter
Kosmos gegenübersteht.

Ungeordnete Gedanken
sind zumeist auch noch verkehrt.
Hält die Ordnung sie in Schranken,
werden sie bemerkenswert.

Wird die Ordnung übertrieben,
macht sie uns zu ihrem Knecht;
solche Ordnung noch zu lieben,
wird dem Sinn nicht mehr gerecht.

Ordnung soll uns wissen lassen
Weg und Ziel und eignen Stand.
Ihren Segen zu erfassen,
lenkt uns weise Gottes Hand.

Ich wünsche dir einen heilsamen Zwang,

wenn es dir schwerfällt, die Aufgaben,
die dir gestellt sind, zu lösen.
Ich weiß, dir wird jedesmal richtig bang,
aus deinen Augen ist Angst abzulesen.
Stehst du jedoch unter sanftem Zwang,
gelingt es dir plötzlich,
Haken zu machen mit Ösen.
Auf dem Kalender der feste Termin
ist dabei oft schon ein hilfreiches Wesen,
und ein Werk ist bisweilen viel schneller gediehn,
hat man die Zeit auf der Uhr abgelesen.
Empfindest du aber zu deinem Entsetzen
den äußeren Zwang nicht dienlich
der Selbstentfaltung,
dann brauchst du ihn nur getrost zu ersetzen
durch eine disziplinierte innere Haltung.

Ich wünsche dir gute Gewohnheiten

Sie stehn mit den schlechten im Streit.
Doch gegen die guten
brauchst du nicht einzuschreiten,
sie schenken dir alle im Laufe der Zeit
als liebenswerte Bequemlichkeiten
das Gefühl von Ordnung und Sicherheit.

Doch wenn alles nur aus Gewohnheit besteht,
was du tust, was du denkst,
sich von selber versteht,
dann ist dein Leben nach Tagen und Jahren
auf einmal vielleicht schon recht festgefahren.
Für diesen Fall wünsch' ich dir allerdings bloß:
Solche Gewohnheiten
werde recht bald wieder los!

Ich wünsche dir, daß du Spaß verstehst

und geneigt bist, auch selber bisweilen zu scherzen.
Denn Spaß ist für kleine und große Leute
bereits ein erheblicher Teil der Freude.
Und diese wohnt ja bekanntlich im Herzen.

Daher darfst du auch ruhig mal albern sein,
dieses Recht haben nicht nur die Kinder allein.
Die heiteren Stunden sind's, die wir lieben.
Wird der Ernst – wie so oft – übertrieben,
steht's um ihn selber doch meistens recht schlecht.
Man wird einer Sache viel eher gerecht,
indem man sie schelmisch ein bißchen verdreht.
Und das heißt eben, daß man auch Spaß versteht.

Ich wünsche dir Siebenmeilenstiefel,

damit du Schritt halten kannst
mit dem Tempo der Zeit.
Solche Schuhe verleihen den Füßen Flügel
und bringen dich vorwärts mit Leichtigkeit.
Doch ist dir der Fort-Schritt
zu schnell und zu groß
und wünscht deine Seele sich eigentlich bloß,
daß der Alltag sie aus seiner Eile entließe,
dann zieh nur die Stiefel recht bald wieder aus,
geh barfuß über die Sommerwiese
und kehr glücklich zurück in dein Haus.

Ich wünsche dir ein ganz kleines Leiden,

nicht, daß ich dir Böses will,
sondern nur, daß du mit jenen,
die nicht zu beneiden,
ein wenig mitfühlen kannst,
zufrieden geworden, dankbar und still.
Ich möchte ja nur, wenn mein Wünschen gelingt,
daß das Vergleichen dir Tröstung bringt.
Denn dein eigenes Glück
wird dir erst richtig bewußt,
wenn sich ein heimlicher Seufzer entringt
deiner erleichterten Brust.

Ich wünsche dir einen Studienplatz

anstatt an der Universität, mein Schatz,
auf einer Parkbank, mittags um zwei.
Dort ziehn viele Menschen an dir vorbei:
die großen, die kleinen, ob alt oder jung,
recht müde die einen,
die andern voll Schwung.
Sind Mütter mit Kindern, auch Väter dabei,
aus den Kinderwagen ertönt ein Geschrei.
Teils gehen sie einsam, die andern zu zweit,
und einige suchen sich erst ein Geleit.

Du lernst es, zu lesen in jedem Gesicht,
du spürst, was dem Gang
und der Haltung entspricht,
du hörst viele Sprachen,
vernimmst ihren Klang,
du erblickst krumme Rücken
und aufrechten Gang.
Du staunst, wie die einen ihr Leben genießen,
bist betrübt, daß bei andern die Tränen fließen.

So kannst du studieren von mittags bis spät,
dich dabei amüsieren, wie das Leben so geht.
Doch willst du dich über die Lebenskunst
zum Schluß vielleicht examinieren lassen,
dann hoffe nur nicht auf allzu viel Gunst:
Du mußt dich erst selbst
mit dem Leben befassen.

Ich wünsche dir deinen Traumberuf

Wenn du weißt, wozu Gott dich wirklich erschuf,
dann wünsche ich dir deinen Traumberuf.
Denn die sich da quälen jahraus und jahrein
mit Arbeit, die sie nicht mögen, nicht lieben,
werden wohl niemals froh damit sein,
daß sie sich letztlich dem Falschen verschrieben.
Doch weißt du genau, was du immer gewollt,
dann erwarte den Lohn nicht in Geld oder Gold
und sei nicht enttäuscht durch die Schwierigkeiten,
die es überall gibt und zu allen Zeiten.
Laß dich nicht hindern und auch nicht verlachen,
laß deinen Traum nicht zunichte machen!
Verfolge dein Ziel, setz dich ganz dafür ein:
Das, was du sein willst, das kannst du auch sein.

Ich wünsche dir mehr
als nur einen cleveren Kopf

und die moderne sachliche Kühle.
Ich wünsche dir wahre, echte Gefühle,
die sich nicht einstellen lassen
durch Druck auf den Knopf,
auch nicht verlorengehn in der Alltagsmühle,
viel eher erwachsen aus Vertrauen und Verstehn,
auch wenn du nicht preisgeben willst
das geheime Geschehn,
die du bewahren darfst
und nicht schamhaft versteckst:
Ich wünsche dir, daß du dein Herz entdeckst.

Ich wünsche dir Reisefieber

Warst du jemals davon betroffen,
kehrt es immer und immer wieder,
solange du weißt: die Welt steht dir offen.

Gemeint ist kein Fieber gewöhnlicher Art:
es ist mit dem Fernweh aufs engste gepaart,
und es hilft dir dagegen auch keinerlei Pille,
so mächtig plagt dich der Reisewille.

Sag nur Lebwohl und zieh fröhlich hinaus!
Und will dir das Brot in der Fremde
nicht schmecken,
dann kommst du ganz sicher
auch wieder nach Haus.
Doch kaum bist du hier,
willst du Neues entdecken –
und das Reisefieber bricht gleich wieder aus.

Die Welt ist so groß und die Welt ist so schön,
du darfst sie von all ihren Seiten besehn.
Ich wünsche dir, daß dir das Reisefieber
recht lange erhalten bleibt,
daß dich die Sehnsucht leitet und treibt
immer zu neuen Ufern hinüber.

Ich wünsche dir einen Rucksack voll Glück

Denk aber nicht, er sei leicht zu tragen.
Es schiebt sich sein Inhalt mal vor,
mal zurück,
und der Riemen drückt dich am Kragen.

Vielleicht denkst du auch:
Glück sei das nimmermehr,
denn was ich dir wünsche,
sei doch gar nicht so schwer.

Doch es liegt nicht am Rucksack,
es liegt ganz allein
an der schwierigen Kunst,
froh und glücklich zu sein.

Ich wünsche dir einen Rosengarten,

um drin spazieren zu gehn.
Deine Sorgen läßt du dann draußen warten –
und drinnen bei dir ist's harmonisch und schön.
Ist der Eintritt verboten
für Ärger und Ungemach,
halten die gelben und roten
Rosen für dich ihren Zauber wach.
Sie trösten dich sanft
als deine zärtlichsten Schwestern –
und plötzlich sind all deine Ängste und Nöte
begraben im Gestern,
und deine Seele, zufrieden und ausgewogen,
summt sich ein Sommerlied
unter dem Rosenbogen.

Ich wünsche dir, daß du dein Leben lebst,

nicht verplanst, nicht verträumst,
daß du nicht immer nur denkst,
daß du etwas versäumst,
und daß du niemals zu hoch
in den Wolken schwebst.

Ich wünsche dir, daß du es schaffst,
deine Welt unbeirrt zu gestalten,
daß du nicht für dich selbst nur zusammenraffst,
was für andere schwer zu erhalten.

Ich wünsche dir, wenn man dich spannt
vor des Zeitgeistes Wagen,
daß du nicht völlig zu allem bereit,
daß du die Kraft hast, auch manchmal zu sagen:
Dafür ist mir zu schade die Zeit.

Ich wünsche dir, daß du nicht Anspruch erhebst
auf alles, was es nur gibt,
sondern daß du in Leid und in Freude erlebst,
wie schön es ist, wenn man sich liebt.

Ich wünsche dir als Begleiter

die Sonne, die Wolken, den Wind,
die Hoffnung als Wegbereiter,
den Stern, wenn die Nacht beginnt.
Ein treuer Gefährte, wie er auch heißt,
als dankbar empfundenes Glück
stelle sich freundlich neben dir ein!
Wenn du nur weißt:
du brauchst niemals alleine zu sein,
legst du den Lebensweg
leichter zurück.
Und will es dir scheinen,
du habest ja keinen,
der dein Tun und dein Streben versteht,
dann gibt es in Wirklichkeit
lange schon einen
Schutzengel, der dir zur Seite steht.

Ich wünsche dir ein kleines Lob

Niemanden wüßt' ich, dem es nicht frommt,
wenn er aus eines Verständigen Munde
oder auch nur in der Freundesrunde
von Zeit zu Zeit einmal ein Lob bekommt.
Empfängst du es, macht es dir Freude,
baut es dich mächtig von innen her auf.
Wie lange voll Sehnsucht
– vielleicht noch bis heute –
wartest du wohl schon darauf?
Übertriebenes Loben
ist wertlose Schmeichelei.
Im wahrhaften Lob ist Anerkennung dabei.
Und wenn du wirklich glaubst, mein Lieber,
ein solches Lob verdient zu haben,
dann freu dich darüber –
und tu nicht so,
als seist du über jedes Lob erhaben!

Ich wünsche dir Genügsamkeit

Man kann sich dran gewöhnen.
Du sparst dir bald der andern Neid,
brauchst dennoch nicht dem Geiz zu frönen.

Es schadet doch nur jene Gier,
die stets den Anspruch höher schraubt.
Genügsamkeit, die wünsch' ich dir,
du wirst durch sie um nichts beraubt.

Wenn's dir genügt, im Sommerkleid
am Abend hinterm Haus zu sitzen,
dann mußt du nicht Gott weiß wie weit
an fernen Stränden schwitzen.

Und wenn dir reicht als Mittagstisch
ein Gläschen Wein, gebackner Fisch,
dann braucht es gar nicht *mehr* zu sein.
Du bleibst dabei gesund und frisch –
und glücklich auch noch obendrein.

Ich wünsche dir, weil du Geburtstag hast,

daß dich die Lust und die Freude erfaßt,
teilzuhaben am Wunder des Lebens
und zu wissen als dankbarer Erdengast:
Keine Stunde war jemals vergebens.

Ich wünsche dir, daß unterm Wolkenzug
dich die Schatten nicht allzu schwer drücken,
daß du frei bist und mutig genug,
getrost in die Zukunft zu blicken.

Ich wünsche dir, daß du stets neugierig bleibst
auf alle sich öffnenden Wege und Ziele
und daß du dich dennoch nicht völlig zerreibst
in des Lebens gefährlichem Spiele.

Ich wünsche dir zwischen dem Kämpfen
und Streiten
auch jene stillen und ruhigen Zeiten,
in denen du spürst, daß das Leben sich lohnt,
daß du im Lieben die Sterne berührst
und daß Gott, den du suchst, in dir wohnt.

Ich wünsche dir ein Feuerwerk

aus Geistes- und Gedankenblitzen.
Nicht jedem hilft sein Augenmerk,
den eignen Kopf auch gut zu nützen.
Ich wünsche dir ein Feuerwerk
aus hellen Lebensfarben.
Ist dir geglückt dein Tagewerk,
sollst du zum Lohn nicht darben.
Ich wünsche dir ein Feuerwerk
aus Flöten- und Trompeten-Tönen.
Musik als höchstes Schöpfungswerk
soll deinen Erdentag verschönen.

Ich wünsche dir Zweifel und Fragen

Antworten weißt du ja schließlich genug.
Nach so vielen Jahren und Tagen
sind sie oft Selbstbetrug.
So mußt du die Antworten neu hinterfragen.
Auch Zweifel zu haben ist klug.

Wenn du glaubst, es sei nicht mehr zu rütteln
an manch überkommenem Brauch,
dann gilt es, den Staub abzuschütteln,
oft ist's der entscheidende Hauch.

Ich wünsche dir Zweifel und Fragen,
und zwar aus gerechtem Motiv.
Dann bist du von keinem zu schlagen,
denn dein Denken ist konstruktiv.

Ich wünsche dir für deine dunklen Stunden,

wenn du enttäuscht bist und allein
mit den dir zugefügten Wunden,
nicht nur Geduld und Sanftmütigsein.
Bevor dich verläßt aller Lebensmut,
wünsch' ich dir erst eine ehrliche Wut.
Positiv denken mag schön sein und gut,
doch hilft es nicht viel,
wenn man stets bloß so tut,
als gäb' es im Leben nur heitere Stunden
und nicht auch die Angst und die Seelenpein.
Über Sorgen und Nöte,
die schmerzlich empfunden,
tröstet nicht immer der Sonnenschein.
Du mußt mitten hindurch.
Und das kostet dich Kraft.
Ich glaube es kaum, daß ein Liedchen,
ein Blümchen, ein Lächeln das schafft.
Eine ehrliche Wut, ein heiliger Zorn
erfrischt wie ein Sommergewitter.
Hinterher blickst du dann wieder nach vorn –
und das Leben schmeckt nicht mehr so bitter.

Ich wünsche dir gute Erfahrungen

Soll ich dir schlechte Erfahrungen wünschen?
Fast klingt es wie Hohn.
Aber wichtig wäre es sicherlich schon,
auch solche recht bald zu besitzen.
Eine schlechte Erfahrung
kannst du als Warnung benützen:
Du kannst daraus lernen
und künftige Fehler vermeiden.
Eine schlechte Erfahrung
macht dich erst weise und klug.
Bald kannst du ein falsches Verhalten
vom richtigen wohl unterscheiden,
und gute Erfahrungen
machst du dann sicher genug.

Ich wünsche dir erholsame Nächte,

doch keinen Dornröschen-Schlaf.
Was ich dir wünschen möchte,
sind Mond-Glanz und Wolken-Schaf.

Und bist du gestärkt aus dem Schlafe erwacht,
war dir wirkliche Ruhe beschieden,
sei dankbar und froh über solch eine Nacht,
wenn sie ganz ohne Schmerzen geblieben.

Denn mancher, von angstvollen Träumen geplagt
und von Ruhlosigkeit getrieben,
hätte so gerne „danke" gesagt
für eine erholsame Nacht,
nach der er sich glücklich die Augen gerieben.

Ich wünsche dir, daß du dein Glück erkennst,

auch wenn du es selber vielleicht
mit einem ganz anderen Namen benennst
oder am Anfang noch gar nicht
als solches empfindest,
bis du es später in Wahrheit ergründest.

Geh auf die Suche mit innerer Ruh,
stets gradeaus und nur immer drauf zu!
Kehre nur niemals entmutigt zurück,
selbst wenn du die Nase dir einmal beschädigst.
Manches Mal stolpert man auch in sein Glück.

Ich wünsche dir, daß du so bleibst,
wie du bist

damit der, der dich kennt und dich liebt,
nicht vergißt, daß es noch Verläßliches gibt,
wenn die Welt wie das Wetter veränderlich ist.
Dabei wünsch' ich dir nicht,
daß du stehenbleibst,
sondern daß du auch Weiterentwicklung
mit all deinen Kräften betreibst.
Stimmt nur im ganzen dein Werden und Sein
mit deinem Lebens-Entwurf überein,
mag doch mein Wunsch in Erfüllung gehn,
selbst wenn Verwandlung mit dir wird geschehn.

Ich wünsche dir eine glückliche Hand,

zum Beispiel beim Blumen-Pflegen,
beim Schenken oder auch bei der Lotterie.
Eine glückliche Hand schadet nie.
Was sie anfaßt, bringt reichlichen Segen.

Sie ist eine freundliche Gottesgabe,
vermehrt dir nicht nur die äußere Habe;
es gelingt ihr meist auch ein glückliches Spiel,
wo es sich handelt um Herz und Gefühl.
Und knüpfst du gar selber ein zärtliches Band,
dann wünsche ich dir – eine glückliche Hand.

Ich wünsche dir eine schöne Bescherung

Sie braucht nicht zu groß
und zu üppig zu sein,
denn eigentlich ist ja die Gottesverehrung
der Sinn und der Zweck des Festes allein.

Zur Bescherung gehört
neben Äpfeln und Nüssen
und Gänsebraten und Kuchen und Wein
vor all diesen Dingen ein gutes Gewissen,
denn der Engel sieht schließlich
ins Herz hinein.

Ich wünsche dir eine schöne Bescherung
und mitten darin ein schimmerndes Licht.
Vielleicht schenkt dir der Engel
das kommende Jahr zur Bewährung,
wenn er sieht, im verflossenen
schafftest du's nicht.

Ich wünsche dir alle die Dinge,

von denen man sagt,
wie schön, daß es sie immer noch gibt:
den Anblick der Vogelschwinge,
die ins Blaue des Himmels fliegt,
den Gesang, den die Laute begleitet,
ein Gedicht, verwandelt zum Lied,
eine Glocke, die Frieden läutet,
wenn es abends dich heimwärts zieht.
Ich wünsche dir alle die Dinge,
die dich trösten sollen im Leid:
die Farben der Schmetterlinge,
den Garten im Frühlingskleid,
eine Amsel, die für dich singt,
einen Gang durch die Weizenfelder,
das Glücksgefühl, das dich durchdringt
bei der Rast im Schatten der Wälder,
das herbstliche Blatt voll rötlicher Glut,
das die Stürme vom Baume verscheuchten,
den gefrorenen See
und sein glitzerndes Leuchten,
wenn du still vor ihm stehst und dir sagst:
Es ist gut.

Glückwunsch zum neuen Jahr

Kaum hat für den Januar
startbereit ein neues Jahr
seine Ankunft angekündigt,
wird das alte schnell entmündigt.
Schon entsteigen Schornsteinfeger
dem Kamin als Hoffnungs-Träger,
und ein dickes rundes Schwein
sucht dir Glück zu prophezein.
Noch dazu wächst Knall auf Fall
dort, wo jetzt noch Eis und Schnee,
wunderschöner grüner Klee
um die neue Jahreszahl.

Allen diesen Glücks-Garanten
traust du sicher nicht so recht.
Ohne solcherlei Trabanten
kommt mein Glückwunsch
schlicht und echt:
Hab nur immer guten Mut
an des neuen Jahres Tür
und behalte ruhig Blut!
Ist das neue Jahr erst hier,
sag „Grüß Gott" und zieh den Hut!
Glück und Segen wünsch ich dir.

Ich wünsche dir, daß du der Menschlichkeit
immer verbunden bleibst,

nicht nur ein Fachmann bist
und eine Menge von Wissen dir einverleibst,
studierst, funktionierst,
gewinnst und verlierst,
keine Zeit hast,
wenn dich dein Mitmensch vermißt.
Ich wünsche dir, daß es dein Ziel nicht ist,
nur immer im Wohlstand zu wandern,
daß du fühlst, wie sehr du verantwortlich bist
auch als Helfender für die Nöte der andern.

Ich wünsche dir,
daß du Zeit hast für Mußestunden

Der liebe Gott persönlich
hat sie für dich erfunden.
Du darfst sie genießen
ganz ohne Schuldgefühl;
denn die Hektik des Alltags
nimmt ohnehin viel zu viel
von deiner Zeit, die doch kostbar ist,
obwohl du das selber bisweilen vergißt.

Wenn du schon nicht mehr recht weißt,
was Entspannung heißt,
so gönn dir zunächst
eine Lockerungs-Übung
für Körper und Geist.
Doch willst du ganz frei sein,
vom Alltag entbunden,
dann nimm dir nur Zeit
auch für Mußestunden.

Ich wünsche dir Gemütlichkeit

mit Kachelofen und Katzenschnurren,
ein Restchen vielleicht
von der guten alten Zeit,
fern von der Stadt, wo die Motoren surren.

Schlüpf ins gewohnte bequeme Gewand,
stell dir Musik ein, ganz leise, vom Band,
setz auf den Tisch eine Kanne mit Tee,
rück deinen Sessel dann ganz in die Näh'
von dem alten, vertrauten Bücherbord
und greif aus dem Schatz dir
ein tröstliches Wort!

Umgeben von so viel Gemütlichkeit,
bringt dich dann sicherlich lange Zeit
von dem dir so lieb gewordenen Ort
keiner mehr fort.

Ich wünsche dir eine schöne Aussicht –

von deinem Fenster vielleicht
einen See- oder Meeresblick –
oder das Schauen
auf liebliche Wiesen und Felder;
denn die Schornsteine brauchen
ein Gegenstück.
Ohne Bäume und Blumen
wirken die Straßen viel kälter.

Der Jugend offenem Auge und Ohr
steht mancherlei schöne Aussicht bevor.
Doch wirst du dann mit der Zeit etwas älter,
dann wünsche ich dir für deinen Blick
auf vergangene Zeiten des Lebens zurück
die herrlichste Aussicht
– voll Dank, ohne Klage –
auf vergoldete Tage
voll Liebe und Glück.

Ich wünsche dir für deinen Lebensbaum

zwischen Himmel und Erde den nötigen Raum,
so daß er im Frühling – als käm's über Nacht –
in jedem Jahr wieder zum Blühen erwacht,
und wenn sich die Welt für ihn sommerlich weitet,
daß er dann kraftvoll die Äste ausbreitet,
daß in den Zweigen die Vögel singen,
daß er es schafft, reife Früchte zu bringen –
und wenn der Herbst ihm die Blätter verweht,
daß er dann immer noch aufrecht steht
und die Säfte den Stamm noch durchdringen.

Ich wünsche dir, daß du noch Wünsche hast,

denn das Wort vom wunschlosen Glücklichsein
leuchtet mir nun einmal nicht so recht ein.
Wer niemals mehr Wünsche hat, steht in Gefahr,
das, was man Glück nennt
(und was es stets war), zu versäumen:
Denn wünschen heißt hoffen, erwarten,
sich sehnen und träumen.
Erfüllung macht träge.
Geht doch Zufriedenheit langsam verloren,
wird nicht schon bald neue Sehnsucht geboren
aus des Gebens und Nehmens
unendlichen Räumen.
Nur deine Wünsche
lassen das Glücksgefühl schäumen.

Die beliebten Gedichtbände von Elli Michler

Ich wünsche dir Zeit
Die schönsten Gedichte
von Elli Michler
120 Seiten, 12 Farbfotos,
gebunden, ISBN 3-7698-1409-6

Alles wandelt die Zeit
Gedichte über das Bleibende
86 Seiten, 8 Farbfotos,
gebunden, ISBN 3-7698-1352-9

Danke für die Zeit zum Leben
68 Seiten, Farbfotos,
gebunden, ISBN 3-7698-1258-1

Sterne leuchten auf dem Weg
Ein Begleiter durch
die Weihnachtszeit
hrsg. von Elli Michler
94 Seiten, farbig illustriert,
gebunden, ISBN 3-7698-1002-3

Laß der Seele ihre Träume
Begegnungen mit der Natur
2. Aufl., 76 Seiten, 8 Farbfotos,
gebunden, ISBN 3-7698-1001-5

Von der Kostbarkeit der Zeit
Gedanken über den Tag hinaus
4. Aufl., 64 Seiten, 7 Farbfotos,
gebunden, ISBN 3-7698-0818-5

Ich wünsche dir ein frohes Fest
Gedichte und Geschichten zur
Weihnachtszeit
6. Aufl., 64 Seiten, 6 Farbfotos,
gebunden, ISBN 3-7698-0786-3

Dein ist der Tag
Ermutigung zum Leben
4. Aufl., 64 Seiten, 8 Farbfotos,
gebunden, ISBN 3-7698-0705-7

Dir zugedacht
Wunschgedichte
18. Aufl., 56 Seiten, 6 Farbfotos,
gebunden, ISBN 3-7698-0625-5

Die Jahre wie die Wolken gehn
Getrost in den Lebensabend
9. Aufl., 80 Seiten,
gebunden, ISBN 3-7698-0572-0

Elli Michler
Dir zugedacht
Wunschgedichte

18. Aufl., 56 Seiten,
6 Farbfotos,
gebunden,
ISBN 3-7698-0625-5

Gute Wünsche in persönlichem Stil und einprägsamer Form. Oft nach-
geahmt, aber nie erreicht.
Ideal zu Geburtstag und Namenstag, Jubiläum, Weihnachten und anderen feierlichen Anlässen. Zuspruch und Trost für Kranke und Mutlose.
Geschenk und Lebenshilfe für jeden lieben Menschen.

DON BOSCO
VERLAG

Zu beziehen durch jede Buchhandlung.